当下的力量

黄国峰 著

世界图书出版公司
北京·广州·上海·西安

图书在版编目（CIP）数据

当下的力量 / 黄国峰著. —北京：世界图书出版有限公司北京分公司，2021.7（2022. 8重印）
ISBN 978-7-5192-8589-0

Ⅰ.①当… Ⅱ.①黄… Ⅲ.①人生哲学—通俗读物 Ⅳ.①B821-49

中国版本图书馆CIP数据核字（2021）第088451号

书　　名　当下的力量
　　　　　　DANGXIA DE LILIANG

著　　者　黄国峰
策划编辑　李晓庆
责任编辑　李晓庆
装帧设计　黑白熊

出版发行　世界图书出版有限公司北京分公司
地　　址　北京市东城区朝内大街137号
邮　　编　100010
电　　话　010-64038355（发行）　64037380（客服）　64033507（总编室）
网　　址　http://www.wpcbj.com.cn
邮　　箱　wpcbjst@vip.163.com
销　　售　新华书店
印　　刷　北京中科印刷有限公司
开　　本　880mm × 1230mm　1/32
印　　张　5.75
字　　数　120千字
版　　次　2021年7月第1版
印　　次　2022年8月第3次印刷
国际书号　ISBN 978-7-5192-8589-0
定　　价　59.00元

目录

第二章　把生命成长这件事放在心上

第三章　以最好的生命状态走完这一生

结语

前言

在过去的日子里，你是否曾感到生活一直在重复？年纪越来越大，身体也越来越不中用，可我们的心智模式与生命状态仍然没有任何变化。日子重复过，问题重复出现。我们期待以后可以更好，生命可以再前进。但我们做了些什么？改变了些什么？

终其一生，我们一直在寻找“我们到底要如何才能够让生命不同且更好”的答案，并且希望活出最恢宏的生命版本。要提升自己的精神境界，我们就不可以再让过去等于现在，等于未来。

在这本书中，我希望借助一些古圣先贤的智慧让你的生命再前进。过去很多圣贤，不管来自东方还是西方，都有很多领悟。我们常常说，站在巨人的肩膀上才能看得更远、更宽广，但是首先你要能够爬上巨人的肩膀。中国这块古老的土地拥有上下五千年的文明积淀，诞生了很多圣贤，然而鲜有人能够萃取并吸收圣贤的智慧。我们学了很多现代科学知识，却不懂得如何待人处事。虽然我们可能能力很高、学历很高、技术很在行，但是品性并没有跟上来。所以尽管我们外在拥有很多，却还是烦恼依旧，内心觉得很空虚。

要想让未来更好，我们就不能继续活在惯性思维模式里，不能只是活出过去的生命状态。我们可以通过改变思想、言语、行动，成就一个不同且更好的自己；通过觉察、觉知、觉悟，达到更高的生命境界；通过接受更多元的心智教育，扩展格局与视野。走的路不同，遇到的景色就不同。心智模式不同，活出的人生也不同。一个更好的未来在等着我们。

谨以此书献给所有愿意为活出最恢宏的生命版本而努力不懈的朋友。

第一章

从生命的角度看待一切

第一节

人大部分时间都活在自己的世界里

你一定拍过集体照。在拿到照片的时候，你看到的第一个人是谁？一般人看到的第一个人都是自己。只要在那张照片里你很漂亮就可以啦，别人好不好看无所谓。无论是别人有半个头在取景框外，还是把眼睛眯起来了，只要看到自己照得很漂亮，你就会觉得照片好看。第二个看到的人就是你喜欢的人，其他的人就不管了。

你出门会很在乎别人怎么看你。其实，谁管你啊？每个人都只管自己而已。即使你裤子拉链没拉，别人可能也不会提醒你。我的意思是说，人大部分时间都活在自己的世界里，都以为世界是围绕自己转的，好像整个世界都要以你为主。

有的人会觉得，“国家要为我做点儿什么”，而从来没有想过“我可以为国家做点儿什么”。我们想的都是自己而已。所以，有没有发现我们其实是很自私的？很自私，也很自我，活在自己的世界里，以自己为尊，这就是我们很多人的生命状态。

第二节

在与人感同身受的时候，就不会把自己看得那么重要

当你慢慢学会换位思考、与人感同身受的时候，你就不会把自己看得那么重要。当你能够做到这样的时候，你就能够感受到别人没有表达出来的感受，听到别人没有说出来的话。

你可以感受得到别人的感受，知道他没说出口的话是什么，是因为你足够关心对方、了解对方。如果你不够关心对方、了解对方，那么你可能连他说出来的话都不会听进去。这种现象就是“视而不见，听而不闻，食而不知其味”。因为心不在焉，我的心不在你身上，所以对于你说的话，我左耳进，右耳出，让其成为过往云烟。当你足够

关心对方的时候，即使他没说什么，你也知道该为他做什么。此时，你的心在他身上。关于他的一颦一笑、一举一动，你都知道是怎么回事，该做出什么反应。

如果对方已经说了半天，你还不知道是怎么回事，那你可要思考：你的心怎么了？他是一个生命，你也是一个生命。也许你们处于不同的状态，都活在自己的认知、想法里面，很自大、自我、自以为是。

第三节

最危险的迷信是迷信自我

我认为，全世界规模最大的“宗教”就是“自以为是教”，因为大家都相信自己啊！

无论我相信，还是不相信，背后都是自以为是的我。无论我迷信，还是不迷信，背后都是自以为是的我。在自以为是的王国里，我们都是国王。

世界上最危险的迷信是迷信自我。迷信自我让你视而不见，充耳不闻，自以为是，拒人于千里之外。在自以为是的王国里，你终将成为孤独的国王。

在人生的绝大多数时刻，你都是以自己为主。可是这个世界只有你吗？不是吧？你身边还有家人、朋友、同事、同学，等等。他们会影响到你，你也会影响到他们。只有不再迷信自我，你才能知道，原来人生不止一种活法。

第四节

从“想到”到“做到”

只有你承认自己十分自以为是，你才可以从“自以为是教”的教主宝座上下来。只有你承认自己十分傲慢，你才有机会从傲慢这个舞台上走下来。

当你不再那么自以为是时，你就会开始体验到内在和谐。当你不再看到什么都想发表意见的时候，你的心就会平静下来。你会发现，自己的人际关系变好了，家庭生活也变和谐了，一家人开始集中精力搞生产。和气生财，以和为贵，说的就是这个道理。所以内心平静、不妄加评判、不自以为是的人会变富贵。

大多数人都想变富贵。不要只是想，要努力让自己成为那样的人。想发财不等于富贵，你变富贵了就不会想发财了。如果你想改变自己，不要只是想，要去做。这就叫知行合一。

在赚钱这件事上，很多知识分子常常停留在“想”的阶段，而其他人已经在“做”了。从“想到”到“做到”，是一个很大的转变。

第五节

活出道理来才是重点

在成长过程中，我们需要一些共同成长的伙伴。和家人一起成长是最好的，否则就可能很快回到原地。比如说，你在遇到问题时，可能会对家人说："不好意思，我好像这个地方错了。"家人因为没有与你一起学习、进步，可能会说："对呀，就是你错了。"下次在你又遇到问题并认错的时候，对方可能还是会说："对，就是你的错。"久而久之，你就不认错了。

因此家人要共同成长，彼此分享新观念。或许对方目前没有机会学习如何让生命成长，甚至没有听过这样的概念，但是在生命成长方面先行一步的你要懂得分享，并且要用一种有智慧的方式去分享。我们大多数人都有相同的问题，那就是很喜欢讲道理，用道理来“修理”别人，活在道理中。但是在我们这个年代根本不缺道理，而是缺把道理活出来的人。

不要一直讲道理，而是要把道理活出来。活出来才是重点，不是吗？不要做教育家、演说家，讲一大堆废话。

我们需要共同成长。我们需要不断地分享道理，分享好的观念，然后一起学习、成长，一起活出生命本来的样子。当我们还做不到这一点的时候，可以互相提点，互相鼓励，然后一起实践。

第六节

走出物质的殿堂，奔向生命的殿堂

我们这里以悉达多王子为例。他是一个王子，他的人生本该是继承王位，当上国王，治理国家，娶很多老婆，生很多孩子，再立一个王子，把王位传给他。很多国家的国王的人生都是这样的。

结果他走了一条很不寻常的人生道路。但是，正因为他走了不寻常的人生道路，才成了后来我们知道的伟大的佛陀，并影响了无数的人。他的影响力一直延续到今天。

如果他在他的时代选择做一个平常的国王，那么我们现在可能连他的名字都叫不出来，没人会记得他，他的影响力也不会很大。

悉达多身为一个王子，拥有的是物质的殿堂，可是他却走出物质的殿堂，奔向生命的殿堂。他一生探求生命的真相。他的影响超越了时空，继续影响后世。

第七节

有我在，我陪你

人们容易落入二元思维当中。这种思维就是非黑即白、是非分明、成败分明、输赢分明的思维。这种思维会给自己造成困扰，也会给对方造成困扰。

这里举一个例子。有一对夫妻结婚很多年，一直没有生小孩。直到四十来岁，他们终于有了一个小孩。他们自然非常宠爱这个孩子。妈妈选择全职在家照顾这个小孩。有一天，孩子的父亲要出门的时候，看到桌上有一罐药，可是他没有提醒妻子把药收起来，就去上班了。结果这个孩子把整罐药都吃下去了，然后被送到医院急救。

假设你是那位母亲，你会不会惶恐不安？那位母亲不仅要面对孩子会不会死亡这件事情，还要面对丈夫。

假设你是那位父亲。你来到医院，得知孩子在急救，那么看到你的妻子，你会怎么处理？你会不会一个巴掌扇过去，愤怒地斥责她“你是怎么照顾孩子的”？这其实是一种最差的做法。作为母亲，面对孩子的事情，她肯定十分惶恐不安。如果你走过去拥抱她，对她说“老婆，我爱你，有我在”，那么你可能就解救了一个灵魂。一个拥抱，一句“老婆，我爱你，有我在”，胜过千言万语。

有时候我们常常陷入是非、对错分明的二元思维当中，而忘记了超越这种思维是可以拯救当下那个惶恐不安的灵魂的。当有人陷入挫折当中的时候，你不要一直跟他讲道理，有一种方式就是握着他的手，跟他说：“有我在，我陪你。”

第八节

用爱和关心联结生命

我记得我以前有一个学生比较叛逆，他是一个初中生。初中往往是最叛逆的时候。有一天他闯祸了，教导主任就把他叫到教导室来。一开始那个学生低着头，然后教导主任就开始骂他，骂了很久。那个学生慢慢抬起头来，最后就是一副不屑一顾的样子。他虽然不讲话，但他的姿势好像在说："啊，我的命就一条，你想怎样啊？"

现在很多人年纪很大的时候才选择结婚生子，所以当孩子到叛逆期的时候，刚好遇到母亲的更年期。有智慧的母亲能够认识到这一点，尽量不与孩子发生冲突。和父亲相比，母亲十月怀胎，生下孩子后还要哺育他两三年，所以对孩子更用心。母亲会不断地给予孩子爱和关心，用自己的生命联结孩子的生命。

大多数父亲在养育孩子时都是比较理性的。所以，当孩子在叛逆期的时候，父亲选择的“剧本”可能是这样子的：用手大力拍桌子，说“你给我出去，就当我没有生你这个孩子。我为了你，为了这个家，在外辛辛苦苦。你现在居然用这种口气跟我讲话！”。这就是“讲道理”的父亲。

母亲不是没知识，不是不会讲道理。能够用给予爱和关心的方式对待孩子，是因为她曾经在养育孩子方面十分用心。当孩子在叛逆期的时候，她的剧本是不一样的：“全世界的人都可以放弃你，妈妈绝对不会放弃你。我会想方设法，让你回到正轨。”这就是母亲的剧本，我觉得这种剧本比较好一点儿。

第九节

我们都“继承”了过去的自己

虽然我们接受的都是九年义务教育，但是你有没有发现，每个人的观点都不同？观点不同的原因有很多。我们每个人经历的过程看似相同，但是我们每个人获得的过去经验是不同的。

我们每个人不是一出生就能识字、写字的。能识字、写字，是因为我们继承了小学时期学到的知识和发展的能力。在工作之后，你会发现，有的人看得懂财务报表，那是因为他们在过去学习过相关的专业知识。总而言之，现在的我们继承了过去的自己。

你会发现，有些人的数理逻辑能力很强，有些人的语言组织能力很强，有些人的阅读理解能力很强，有些人的记忆能力很强。他们都是在继承过去的基础上才成为现在的自己的。

那你有没有想过，现在的你继承了过去怎样的自己呢？

第十节
活出生命的价值和意义

人最可贵的一点就是有想象力，这一点跟动物不一样。动物是向外探索的，想要捕猎，不想被捕。而人除了向外探索，还会向内探索。人会反省，而动物不会。

一只猴子拿着一根香蕉，你拿着一个苹果，它可能会跟你交换吧？但是，如果你拿着一张一百元的人民币，那么它可能就不会跟你交换。它无法想象人民币可以做什么，不知道人民币的价值。它活在物质世界中。如果它会说话的话，那么它可能会说："这个是什么呀？我才不会跟你换呢！"它不知道用一百元人民币可以买好几箱香蕉。

人可以创造东西，然后赋予它价值跟意义。很多人和动物一样，仅仅活在物质世界中，没有发挥自己作为人的创造力。

只有极少数的人会活出生命的意义跟价值。那么你是哪种人呢？你是否活出了生命的意义跟价值呢？

你是否已经开始思考，到底怎么活，才能活出生命的意义跟价值？

第十一节

如果你能转得了念，那么你就可以转得了身

幽默是一种软实力，是一种智慧的结晶。比如丈夫对妻子说："你怎么这么笨，这个都不会！"妻子回道："我是笨，但是我唯一聪明的地方就是挑了你。"丈夫可能会说："对啊，这么笨！还好你嫁给我了，不然可怎么办哦！"妻子用一句话就化解了夫妻矛盾，是因为她一念之转，没有把丈夫的话看成一种人身攻击，而是用幽默的方式巧妙地把话题引向了丈夫。

如果我们善用幽默的智慧，转变自己当下的想法，那么我们在生活中就能避免很多冲突和矛盾。一念之转，结果可能大不同。当我们面对困境的时候，如果你能够转得了念，那你就可以转得了身。

第十二节

从生命的角度看待一切

我们一般会用二元思维看待事情，很少从生命的角度看待事情。

我们往往看重得失、成败、好坏，很少思考生命。为什么我们常常说“人在江湖，身不由己”？因为我们忘记了从生命的角度看待事情。以事业为例：如果从生命的角度来看待事业，那么是我们拥有它，还是它“绑架”了我们？它丰富了我们的生命，还是变成了我们的枷锁？

有些人花了很多钱去学习，学了很多东西，一副“我很会”的样子，可是他却过不好自己的人生。有些人读到博士，后来当上了教授、董事长，在社会上混得很好，但他未必过得幸福。因此，你可不可以换个角度，从生命的角度去学习，去看待成长、成熟、成功、成就？

第十三节
两种思维方式

如果有一门课程，可以让生命变得更好，那么很多人可能会马上帮家人报名。因为很多人认为，问题出在别人身上。总是认为问题出在别人身上，这是一种思维的局限。

另一种思维方式是，我希望自己的生命变得更好，我也期待别人的生命变得更好，所以我带家人一起去学习，和家人共同成长。

过去讲“门当户对”。如果两个人的思维方式差别太大，那么这两个人就很难在一起相处。以花钱来说，你吃一餐一千块，而对方用一千块可以吃一个月。这也是价值观不同的问题。

曾经有一个东方人在德国用餐，他点了好多菜，只吃了一点点，付账后准备走，一个德国人开始骂他："你怎么可以这样子？"他回对方："你凭什么管我？我付了钱，你管不着！"对方说："钱是你的，资源是大家的。"这是不同的思维方式吧？这个东方人认为自己付了钱，浪费粮食也是浪费他自己的，而对方不这样认为。

你有钱，但是不能浪费社会资源。不是吗？我们在家里、在社会上，是不是也犯过相同的错误？

第十四节

把一世当很多世活，不要把一世当成永生

我在三十岁时开始工作，到三十五岁时就准备在四十岁时辞职。我在四十岁辞职后，不知道做什么。虽然我当时已经实现了财富自由，但是不知道以后人生该怎么过！我决定给自己五年时间寻找人生方向。在快满四十五周岁的时候，我找到了这个人生方向。然后我告诉自己，我每五年就要过一种不同的人生。于是，我在五年的时间里慢慢成长，到第五年的时候，我的生命状态、生活方式、认知模式都发生了改变。我不断地“升级”自己。

你有没有一直在“升级”自己，改变自己的生命状态、生活方式、认知模式？一世可以当很多世来活，不是吗？不要把一世当成永生。

第十五节

我们到底被谁教坏了？

有这样一种情况：小时候明明兄弟姐妹相处得非常好，可是随着年龄的增长，大家的关系越来越淡，表面上大家是兄弟姐妹，背地里钩心斗角，都在讲知识、讲道理、讲成功、讲事业、讲竞争。和兄弟姐妹在一起的时候，你可能会用社会上的那一套认知、想法、价值观去看待对方，而不再仅仅用看待家人的眼光看待对方。大家都不知道如何让对方受得了，反而哪壶不开提哪壶。家人之间相处好像开始有压力了，好像在一起就得按照社会标准比一下谁混得更好。

以前父母可能打过、骂过我们，我们还是一样爱父母。兄弟姐妹之间互相欺负，感情还是一样好，是不是？

然而现在只有家人符合自己的认知、想法、价值观，我们才可能爱家人。我们到底被谁教坏了，还是自己把自己教坏了？

第十六节

生命的成长是当我们遇到事的时候，内心可以很快没事

人生不可能一直没事。当你成长之后，你还会遇到更多事。不是说成长带来了更多事，而是说以前你不认为一些事是自己的事，认为这些事都是别人的事，而现在你不这样认为了。

成长让我们在遇到事情的时候，内心可以很快没事。我们没成长之前，在遇到事情的时候，内心过不去，就卡在那里，一卡可能好几年就过去了。一个故事是：某家的新媳妇在新婚的时候，她的婆婆说了一句话，让她非常不舒服，但是她也不说破，埋怨了婆婆一辈子。她把一件事藏在心里一辈子，一辈子都没有成长。

人生总会遇到很多事，唯有生命的成长才能让我们心里没事。生命的成长就是：当我们遇到事的时候，内心可以很快没事，可以接得住、化得掉、放得下。听了很多道理，却做不到、接不住、转不了、化不掉、放不下，这不叫成长，叫“催熟”。

第十七节
什么时候你可以回到生命这个主题上来?

什么时候你可以回到生命这个主题上来？你能不能每一个星期都有那么一小段时间来思考生命这个主题？我们很少会静下来，对不对？我们都在往外追寻吧？我们很少会静下来思考人生。

有一句话讲，生命是永远的主题。可是我们都在忙于什么？追寻身外之物，对不对？我们常常忙于对事情做出反应，很少会真正地静下来思考，然后主动做些什么。别人做出什么行为，我就做出什么反应，对方怎样，我就怎样，对不对？我们很少会觉得，自己可以主动行动，改变什么，改善什么。

你能不能每天抽出十几分钟或者半个小时的时间，静下心来跟自己在一起？能不能每个星期抽出一小段时间，和一群人共同探讨生命这个主题？

第十八节

透过发生的事情看到自己的问题

一个人身上的问题不大，这看似不错，但是，除非他的自我觉察能力很高，一般来说他看不到自己的问题。一般人要通过发生的事情，比如说和别人发生碰撞，来觉察自己的问题，获得成长。

当碰撞产生的时候，更深层的东西就会显露出来。当一次小地震即将发生时，深山里和深海里的动物通常没有太大反应；当大地震要来临的时候，很多深山和深海里的动物就会跑出来。大地震可以惊动这些平时不常出没的动物。

我们平常和别人产生的碰撞都是微震而已，震不出你真正的问题。别人顶多说你这次工作没做到位，而不会指出你真正的问题，你也不会当回事。但是，随着你和对方的接触越来越多，你们发生大碰撞的可能性就越来越大，你就越容易知道自己真正的问题是什么。

总而言之，无论是小碰撞，还是大碰撞，要学会透过发生的事情看到自己的问题。

第十九节
觉己、觉他、觉境

有一种智慧叫“觉己、觉他、觉境”。去觉察自己，也是觉察别人，觉察周围的环境。这种觉察也被叫作看见、发现、探索。

在一问一答中，《论语》向我们道出了很多智慧。这些智慧是圣人通过实践领悟、总结出的。我们很多人读《论语》只停留在知道的阶段，只是想一想、看一看、听一听圣人的智慧，缺乏身体力行。

当一个人去实践的时候，他才能真正明白圣人的智慧，让这种智慧为自己所用、成为自己的智慧，并指导自己看世界。这就叫作“转识成智”。

第二十节

改变认知模式

在改变认知模式后，我们就会发现，过去我们认为不容置疑的认知，都是可以改变的。在此之前，我们是很偏执的。

如果你问一个小学生：“三加五等于多少？”他会回答：“八。”你告诉他：“我们讨论一下吧，三加五未必等于八哦。”他可能会反驳你：“怎么可能不等于八？我们学校教二加三就等于五啊，这是真理呀。这不需要讨论。”这似乎听起来很有道理。我们都是这样学过来的，是不是？

如果你能够换一种认知模式，那么你会发现，三加五可能等于八，也可能等于一。三片橘子加五片橘子，可能是一个橘子。三滴水加五滴水可能是一大滴水。

一颗种子有无限的可能性，可能长成一棵树，也可能会被鸟吃掉。可是对小学生来说，一只等于一，没什么可讨论的。

我们常常会觉得跟有些人就某个话题没什么可以讨论的。那是因为你的认知是受限的，你把很多事情当成真理，拒绝别的可能性。

看过《哆啦A梦》的人都知道，大雄总是被胖虎欺负。有一天老师问大雄："大雄，如果你有九十元，再去跟胖虎借十元，你总共有多少钱？"大雄说："零元。"老师说："你到底懂不懂数学？"大雄说："老师，你不了解胖虎。"老师看到的是九十加十等于一百。可是他不知道，九十元后面是大雄，十元后面是胖虎，他们是人。人不完全遵循数学原理。如果老师问大雄："为什么等于零呢？"大雄的回答想必是："只要胖虎知道我有九十元，他就会连我的九十元都借走，最后自然只有零元。”

你会发现，我们是在一种中性原则之下理解加减乘除的。可是，当你赋予加减乘除含义时，它就会有无尽的可能性。这是你很难预测的。

第二十一节

用开放的心态和他人探讨问题

当有人想跟你探讨某个问题的时候，请你用一种开放的心态来探讨这个问题。无论是探讨家人的相处问题，还是探讨孩子的未来发展问题，你都不能把问题绝对化。拿孩子的未来发展问题来说，每个孩子都有无边无量的可能性。书读得好，未必就有成就。有些人后来很有成就，但就是书读不好。

很多老板的文化水平并不高，能力也不一定很强，却能够带领一帮硕士、博士做事情。硕士、博士明明更聪明、更有文化，为什么却只是一个员工？有没有想过这个问题？因为“老板的命比他们的好”。我说的命不是命运的命，而是拼命的命。老板跟他们比拼命，不跟他们比知识。也就是说，一般知识分子看到的成功元素跟很多老板看到的成功元素是不一样的。

第二十二节

你说的都是对的

如果有一天，你给自己贴上了“老师”的标签，认为自己就是老师了，那么从此以后，你就“完蛋”了。很多人都有一种坏习惯，那就是好为人师，以为自己说的都对。别人一怎样，就马上出手指点。要知道，并不是你没有错，只是别人不好意思指点你，因为你被称为老师。所以每次你犯错的时候，别人都会用一种讽刺的方式说：“你说的都是对的。”现在我常常听到这句话。你知道吗？我只要说什么，我的学生就会说：“老师，你说的都是对的。”对此，我并不是很开心。

从另一个角度看，别人跟我聊天的时候会说“老师，你说的都是对的”，这说明什么？说明和我在一起，对方感到很放松，说明我们之间没有那么远的距离，可以开玩笑。一般和我关系疏远的人不会这样说，只会说："嗯，是的，我反省，我改变。"但是，他内心是不想反省、不想改变的。他会产生抗拒心理。

第二十三节
有时候小孩子比大人好教

每个大人在成长过程中或多或少都养成了一些习惯、毛病，有时候会比较僵化，比较自以为是。此外，因为拥有太多的知识和道理，大人常常被困住。

当一个人的内里塞了太多东西的时候，他是不太容易接受新的东西的。小孩子因为懂的知识和道理不多，尚未定性，所以比较好调教，比较容易接受新的东西。

这里我想说的是，如果年长的人想改变自己的陋习、改掉自己的毛病、培养新的习惯，那么他就必须比年轻人更有决心，下更多功夫。

第二十四节
你一直在改变，不是吗？

你是不是一直在改变？你想想看，你是不是曾经因为某些人、事、物而非常执着？可是，过一段时间，好像又不执着了。其实人生一直在告诉我们这件事情。你在幼儿园的时候，有没有喜欢的东西？到了小学的时候，喜欢的东西是不是变了？然后再到初中、高中、大学，喜欢的东西是不是还在变？其实我们是很善变的，其实我们没有那么执着。

我们一直在变，不是吗？可是在当下都很执着。人在争论事情的时候是最执着的。事情过了一两个月后，你可能会发现你的想法变了。可是在之前争论的时候，你是很执着的。其实不怕你有想法，就怕你太执着于这个想法。

我们说执着就是“在乎”。如果换一个角度看“在乎”，那么它是什么呢？是“求”！有所求即有所什么？即有所“囚”。有所“囚”，就会受困于一些东西。当我们有所“囚”的时候，身体就可能会生病，思想也可能会生病。

第二十五节
人才是重点

你要当充满负能量还是充满正能量的人？其实能量本不分正负。这个问题的实质是人。正如方法是中性的，手段是中性的，一把刀是中性的，其好坏全凭使用它的人是什么样的。人才是重点。

如果把一支笔给一个幼儿园的小朋友，那么他顶多可以用它涂鸦；如果把这支笔给一个小学生，那么他可以用它写作业；如果把这支笔给一个会计人员，那么他可以用它记账；如果把这支笔给一位得道者，那么他也许会写出影响千秋万世的文章。同样一支笔，用的人不一样，它能带来的结果也是不一样的。所以，人才是重点。

第二十六节

内心贫穷和内心富有

有的人会希望通过结婚获得幸福。我觉得，不是结婚让人获得了幸福，而是能够创造幸福的人结了婚。我们都期待伴侣支持自己，有没有想过伴侣也期待我们给予他们支持？

我们都想要向别人索取。可不可以换一种思维方式，想想自己能不能给予别人什么，和别人分享什么？这背后是内心贫穷的人和内心富有的人的区别。

内心贫穷还是内心富有，其实只在一念之间。当你能够切换一种视角看问题、从对方的立场出发的时候，你可能就会从内心贫穷的人变成内心富有的人。以婚姻为例，当你能够认识到伴侣也期待你为家庭付出的时候，你可能就不会再要求对方无条件支持你的事业，而是会回应对方的需求，比如分担家务、照看孩子等。

第二十七节

我们活在惯性里

我们对自己的情绪是没有觉察的。我们常常落入负性情绪中，带着负性情绪讲话，因此别人通常只能感受到我们的负性情绪，而记不住我们说了什么。即使我们讲得很有道理，听的人只会觉得："他在发脾气，他在发飙，他在发泄。"

只要对方做出某种行为，你就表达某种情绪，这是一种惯性。你是在对熟悉的刺激做出相同的反应，在这个过程中没有理性的参与。你人生的大部分时间可能都在忙于对外界刺激做出直接反应，很少用理性思考自己这样做的结果，结果常常陷入被动的局面。你有没有想过，通过某种学习，你的人生可以摆脱这种惯性？

第二十八节

抽离出来看自己

一般人在生气时常常意识不到自己在生气。当你知道你在生气时，可能就会比较不生气。可是做到这一点很难。

无法抽离出来看自己，就看不清楚自己此刻的生命状态。如果有一个人对你说“你在生气”，那么你也许会说：“我哪有生气？我讲话比较大声而已。”然后你会继续生气。如果你回他“对，刚刚真是气死了”，那么这时候你可能就会比较不生气。因为你知道你在生气，所以你的情绪就缓和下来了。

当你不承认自己的情绪时,你就会被情绪控制，冲动行事。我们在生活中要学会抽离出来看自己。所谓“不识庐山真面目，只缘身在此山中”。只有你离开庐山，才能知道庐山的真面目。之后，再进山就比较好走路了。

第二十九节

作用力等于反作用力

你可以看看自己周围都是什么人，都在讲什么话，他们是怎么跟你互动的。为什么你会对某个人十分客气，而对另一个人却不理不睬？有一种可能就是过去你和他们之间的相处之道不同。

所有发生的事情都有原因。你是否能从你目前的处境中看到过去的自己？或许别人看不清楚，可是你自己心里应该有数吧？为什么你没有什么朋友？为什么别人遇到困难的时候，总是有贵人相助，而你遇到困难的时候没人理你？看看自己的为人处事之道就知道了。

你平常都以怎样的生命状态跟别人互动，用什么方式陪伴别人？我们说作用力等于反作用力。你对待别人的方式在很大程度上决定了别人对待你的方式。所以要与人为善，因为“回程还会相遇”。

第三十节

转念就是放自己一条生路

让你烦恼的事情，不一定会让别人感到烦恼。让你不安的事情，不一定会让别人感到不安。让你恐惧的事情，不一定会让别人感到恐惧。烦恼是你认为的烦恼，不安是你认为的不安，恐惧是你认为的恐惧，这些都是你想出来的。你的心智水平决定了你怎么看待事情。

烦恼、不安、恐惧背后都有一个想法。只要你执着于某个想法，你就会被某种情绪控制。如果没有这种想法，那么就不会有烦恼、不安、恐惧。你就能得到解脱，放自己一条生路。

第三十一节

不计较得失的人生

人生不可能没有得失、成败，不可能没有事。如果你能不执着得失，得失就会让你成长。反之，得失便会给你套上一具枷锁。

我们真正的枷锁就是得失心。放不下得失，所以不得解脱。你会发现，孩子之所以快乐，是因为他们不执着于得失、成败、好坏。

在谈一段真正的恋爱的时候，人们是不计成本的。人们在恋爱中会有一种幸福感。然而，在结婚之后，很多人开始计算成本，考虑这个划不划算，那个合不合理。

有一个男生在路上捡到一把芹菜。他心想：芹菜应该用来做芹菜炒肉丝，应该去买些肉。可是有芹菜，有肉，应该要有厨房吧，不然怎么煮啊？有厨房就应该有一个会做饭的人吧？他自己不会煮。是不是还得娶个老婆？娶老婆可能还需要买房子、车子。于是他赶紧把芹菜丢掉了。你从这个故事中看出了什么呢？

第三十二节

以其人之道，还治其人之身

有一位爸爸对女儿说：“女儿，你妈妈老了，爸爸给你换一个年轻的妈妈好不好？”一般来说，这位爸爸认为这样说是合理的才会这样说。他的逻辑就是：妈妈老了，爸爸给你换一个年轻的妈妈。一般来说，小女孩就会落入情绪当中，说：“我不要！我不要！”但是这个故事不是这样发展的。女儿用爸爸的逻辑跟爸爸讲：“我妈妈老了你就把我妈妈换了，那你妈妈更老，为什么不换你妈妈？”我们常常以为符合自己逻辑的事情没有问题，可是别人用我们的逻辑回应我们，我们却觉得很有问题。

在另一个故事中，有一位爸爸载着女儿去私立学校读书。在车上的时候，他跟女儿说：“女儿啊，爸爸每天忙着工作赚钱，送你去私立学校读书，没有时间陪你，你会不会恨爸爸？”爸爸这么讲是想合理化自己的行为。可是他女儿说：“爸爸，不会的。我会好好读书，以后努力工作赚钱，然后送你去高级养老院。”女儿用他的逻辑跟他讲话的时候，他发现他对女儿的教育可能会换来一场报应。

我们都不觉得自己有问题。只有别人用同样的方式对待我们的时候，我们才能知道自己到底有没有问题。

第二章

把生命成长这件事放在心上

當觀是身猶如芭蕉内無堅實一切衆生亦如是

第三十三节

改变你的小世界

世界是可以改变的。但是，改变世界要先从改变自己开始。

改变自己需要我们改变看待事物的眼光、对待他人的方式。如果你能改变自己看待事物的眼光、对待他人的方式，那么你的小世界就会改变。如果每一个人的小世界都发生改变，那么整个世界就会发生改变。

你的家人、同学、同事就是你的小世界的主要登场人物。如果你能够反思和他们的相处之道，凡事多为对方想想，带着爱和他们相处，那么他们就会感受到你的改变，并因此改变自己。比如说，之前你总是捉弄某个人，对方总会因此心情不好，还会迁怒于其他人，突然间你意识到自己的行为很幼稚，给对方带来了不好的影响，于是你决定以后不再那样做。对方不再因此心情不好，其他人也不再受到牵连。

第三十四节

你有什么样的心，就会成为什么样的人

一个人的内心充满什么，他就会活成什么样的人。

一个内心满是成本、利润、市场的人，终将活成一个商人的模样。如果一个人的内心都是是非、对错、黑白，那么他就会活成一个僵化、不懂灵活变通的人。

你有什么样的心，就会成为什么样的人。你的心中装着什么呢？你想成为什么样的人呢？你准备好调整自己的心了吗？你想活出怎样的人生？

第三十五节

处处都是接受教育的现场

我记得十几年前，我在家门口看到一场汽车追尾事故。我看到前面车子的四个门同时打开，下来四位妇女，把门关起来就往后走。然后，后面的车子上下来一个大肚子的妇女。我就在想，好戏要开始上演了。只见那四位妇女看到那位孕妇后给了她一个拥抱，并对她说："没事的，你不要害怕。"这一幕教育了我。

过了几年，有一次我开车去上班，开到十字路口的时候，刚好红灯一亮，我连忙紧急刹车，车子刚好停住，没有撞到前面，但是后面传来一声声响。于是我下车，把门一关往后走。我发现后面的车上有一位少妇，还有两个小孩子，一个男孩，一个女孩。那位少妇把窗户打开了一点点。如果我没有目睹十几年前的事情，那么我可能会把责任推给她，并且会说："你瞎了！你不会开车啊？"可是十几年前的那一幕教育了我。

我问："孩子有没有受伤？"

她回："没有。"

我又问："那你有没有事？"

她回："没事。"

我说："那不要担心哦，我请保险公司来处理就好。"

只要你善于觉察，你就会发现，处处都是接受教育的现场。

第三十六节

把生命成长这件事放在心上

你想想看，在你现在所做的事情中，哪一件是跟生命成长有关的？

我是从乡下走出来的孩子，根本搞不懂名牌。就算有人穿着普拉达的衣服，拎着古驰的包包，戴着爱马仕的手表，从我面前大摇大摆地经过，我也没什么感觉。有一次我和上司一起去新加坡，看到一家爱马仕的店，进去后发现衣服的标价都是1万起。我心想：爱马仕是什么品牌，怎么会这么贵？上司买了一件3万多的衣服给他老婆，问我要不要买，我开玩笑地说："我老婆没有那么贵。"

后来我们一起去了其他地方旅游，我几乎不买东西。有一次我被上司说服，买了一支万宝龙的钢笔。在把钢笔自带的墨囊中的墨水用尽后，我就再没有用过那支钢笔了。我是乡下来的，用不了这种名牌。

可能每个人都追逐过物质，这不是什么坏事。在此之外，你有考虑过追求生命成长吗？不是说追求生命成长就不能追求穿名牌衣服。我想说的是，在有钱之后，我们可以做一些有意义的事情，思考除了享受之外，我们还可以做些什么与生命成长有关的事情。

第三十七节

每天试着做几件单纯、无目的的事

你能不能每天试着做几件单纯、无目的的事情？小事就好，不需要做大事。你可以打一个电话问候母亲，洗洗碗，拖拖地。不奢求得到别人的赞美，就是单纯去做几件小事。

先从家里开始，再到左邻右舍。你可以把家乡的土特产分给邻居吃一吃，不带任何目的。不要觉得你今天送别人一箱苹果，明天别人就应该还你一箱梨子。

你可以在工作场所做几件单纯、无目的的事情，比如对同事微笑，但是不要觉得你对别人微笑，别人就应该对你微笑，不要有所期待。无论对方如何回应你，接受就好。让一切如其所是。

第三十八节

学会觉察自己

女性每个月都会来月经。月经来之前，来的时候，走的时候，女性是会有生理和心理反应的。有时候男性会比较敏锐，知道身边的女性月经来了。只要对方发脾气，他就会觉得，她来月经了，不能理她。如果女性自己有觉察力，知道自己的情绪因何而来，那么可能就不会被情绪绑架。

有的女性会觉得自己来月经了，会生气是理所当然的。她们会合理化自己的情绪。这是缺乏觉察力的表现。如果她们能觉察到自己的情绪和月经有关，“觉后知止，念起不随”，那么她们就可以掌控自己的情绪，不被情绪所绑架。做到这一点需要长时间的修炼。

第三十九节

烦恼是你自找的

我曾经看过一部短片，片名是《苍蝇》（*The Fly*）。在短片中，有一位武士正在练功，被一只苍蝇打扰到了，于是他用剑把那只苍蝇一分为二，但苍蝇并没有死去，反而变成了两只苍蝇。他继续砍，苍蝇却越来越多，一只变二只，二只变四只，四只变八只……直到他终于发现靠武力是解决不了问题的，他才停下来。越是对抗，烦恼就越多。他慢慢静下来，让万念聚为一念，最后终于回到了最初的状态。他认为自己一开始起了心、动了念，在一刀砍下去的时候，让一念变成两念，念念相续，所以烦恼无边。

你有多在乎一件事，这件事对你的影响就有多大。越不在乎它，它就越不构成问题。当你足够清净的时候，你就能找到你最初起的心、动的念。如果你能放过它，那么它就能放过你。

第四十节

学会倾听的艺术

我们应该学习如何让自己快速冷静下来，在别人说话的时候不插嘴，只是倾听。很多时候，我们都是带着自己的先入之见在听。只要对方讲话慢一点、换口气，我们可能就会马上插嘴，开始反驳，说出自己的看法。

有些人常常觉得自己很有道理，想要掌握话语权，总觉得别人说的话不对，想要纠正对方，并且自作聪明，认为自己知道对方接下来肯定要说什么。这种以自我为中心的人往往会铁石心肠，没有办法和别人感同身受，活在道理中。

可不可以先放下自己的成见，完全地倾听对方到底要表达什么，感受对方有怎样的情绪，并且观察对方的表情、语调、动作？

第四十一节
接受不同

大家常常会一起做事。一起做事的背后是什么？是互相补漏。我们每个人可能只有一种专长，做得了这种事，做不了那种事。会唱歌的人不一定会弹奏乐器，会弹奏乐器的人不一定会作词，会作词的人不一定会作曲，对不对？大家在一起做事时需要接受不同，形成互补的关系。在一台演出的背后，我们需要会唱歌的人、会跳舞的人、会弹奏乐器的人、会制造灯光效果的人、会设计舞台服装的人、会导演的人，等等。接受不同才能让演出顺利进行。

人生也一样。我们在成长的过程中，要学会容纳、接受不同，不能说“我就是主角，所有灯光都要打到我身上”。我们在人生这条路上会慢慢体会到，其实这个社会是多元而一体的。

第四十二节

先学会尊重，才能学会容纳多元与分别

要学会尊重所有人。当我们开始尊重别人的时候，别人也会开始尊重我们。

尊重是什么？尊重是相互的。如果我尊重你，你不尊重我，那么我们之间还是会有问题。

有一种说法叫“同频共振”。如果两个人处在一个频道上，那么他们就能够顺利、积极地沟通。否则，我包容你，你不包容我，我们很快就会分道扬镳。不是我疏远你，而是你自己主动离开。因为你无法包容我、接受我，所以你只好主动疏远我、离开我。

第四十三节

与不同相处

我们在婚姻里要学会接受不同，并且欣赏不同。学会欣赏对方的好，这是一种修炼。因为婚姻里的两个人在没有遇到彼此之前形成了不同的人生观、世界观、价值观，各自的生活习性都不同。如果你没有办法看见对方的不同，学习、欣赏、包容对方的不同，那么就会和对方产生很大的碰撞。

两个人可能一个要晚睡，一个要早睡；一个要吃西餐，一个要吃中餐；一个很奢侈，一个很抠门；一个很理性，一个很感性；一个从后面慢慢挤牙膏，一个从中间挤牙膏。你会发现，每个人的生活方式都是不同的。

你可以换一种视角，欣赏别人跟你不一样的地方。假如对方习惯晚睡，你可以和对方说："你晚睡，顺便把衣服洗一洗，把地板拖一拖……"假如对方习惯早起，你可以和对方说："你那么早起来，顺便把早饭煮一煮吧。"我的意思是说，当别人与你不同的时候，你要让他活出不同，而不是让他跟你一模一样。

总之，在人际交往中很重要的一点就是接受不同，欣赏不同，然后珍惜相同。

第四十四节

换一个角度，会有不同的发现

如果一家公司的所有员工的想法都一样，那么这家公司可能不会太长久。以前开会的时候，我常常跟我的同事说：“如果你们每个人的想法都跟我的想法一样，那么我为什么要跟你们开会？我自己做决定就好了。”

有些人在听到不同的声音时，会以为别人在跟他作对。跟他们做同事真不容易呀！另外一些人在听到不同的声音时，会很高兴。他们会觉得“原来这一点我没有想过”。一家公司需要不同的声音。员工挑战现有的公司制度，质疑产品的质量，挑公司的漏洞，这对公司发展来说是一件好事，更能让公司健全发展。

直言不讳不是容易做到的，你知道吗？为什么朋友不敢跟你讲真话？因为怕讲真话就不能跟你当好朋友了。如果这辈子还有人愿意跟你讲真话，请一定珍惜这个朋友，赶快请他吃饭，喝咖啡。因为他冒着得罪你的风险，只为了让你变得更好。很多时候，别人可能在跟你讲真话，你却觉得对方在泼你冷水。如果泼你冷水会让你清醒一点儿，那么这不是很好吗？

第四十五节
珍惜你的家人

我觉得我的妻子是上天派来锻炼我的人。

我吃素。在一个星期六，妻子陪我出去吃饭。我找了一家素食餐馆，点了煎饼、煎饺、小米粥、酸辣汤。我妻子吃了一个煎饺之后，就把筷子放下了。我心里想：“陪我吃一顿素食，有这么难吗？”我又想到其他时候她跟我在一起好像也不太快乐。于是我说：“怎么？不喜欢吃素食啊？”她说：“不是啊！”我又问：“那为什么不吃？”她回答：“我在等酸辣汤啊！”

突然间，我看到了我的内心。难道吃饭我都要让她符合我的标准吗？难道我要用一个框把她框住吗？

我的妻子用一顿饭的工夫教了我一个道理，让我认识到自己的问题。所以，请珍惜你的家人，多想想自己的问题。

第四十六节
我们该学些什么

我们一般都是学目前生存所需的知识。对于一般生存用不到的知识，我们就不想去学了。

现在很多孩子的父母在给孩子找补习班的时候，都想让孩子补那些跟谋生有关的学科。但是，除此之外，应该还有很多其他知识可以学习吧？比如说，我们可以学习如何让生命更有意义、更有价值，让自己恢复本真。一般人很少学习这方面的知识，是不是？

精神生活和物质生活一样重要。在为获取物质努力的同时，不要忘了观照内心。

第四十七节

当自己的主人

我想跟你分享的是，你要当自己的主人，而不是被各种观念绑架一辈子。有些人可能就连找伴侣都需要符合别人的观念，找“高富帅”或者“白富美”。万一他喜欢上一个“矮胖黑”的人，可能都不好意思向人介绍。

很多时候，别人的嘴巴决定了我们的人生。我们还没有活出属于自己的人生。请你想一想，是你要过日子，还是别人要过日子？是你要结婚，还是别人要结婚？因为是我们自己的人生，所以我们要当自己的主人，为自己负责。

第四十八节

人可以变得更好

我们要了解自己的局限。只有清楚自己的局限在哪里，我们才有机会走出来，否则你只会在固定的道路上走完这一生。有时候，我们看起来好像成长了，地位提高了，开的车子更好了，住的房子更大了，但其实我们并没有成长。我们还在重复过一样的日子。

我希望通过这本书和你分享我的人生感悟，分享我是怎么活过来的。你可以参考我的活法，但是不要把我的话当成真理。我仅仅是在分享。我是一个分享者。

透过人生的点点滴滴，我看清楚了我自己，所以我才想和你分享我的感悟。我希望通过这本书，让你发现新的世界。

第四十九节

陪伴的智慧

有时候你可能会陷入逆境、心情低落，很渴望有人来陪你一下。别人也有这样的时刻。那么，在这样的时刻到来时，你能不能有陪伴别人走一段路的觉悟？每个人的一生不会都是风平浪静的，不是吗？我们总会遇到一些挫折。只有互相陪伴，我们才能在人生之路上走得容易一些。

可是在很多情况下，我们给不了别人陪伴，或者缺乏陪伴的智慧，常常让别人忍受我们的臭脾气和臭毛病。你能不能在陪伴别人的时候管好你的臭脾气和臭毛病，让人家觉得很温暖、放松，觉得你很有格局、气度？

第五十节
多元才是正常的

我们不可能喜欢每一个人吧？可是我们却希望每个人都喜欢我们自己。因为每个人都有自己的想法、偏好，所以人与人之间常常会产生碰撞。碰撞是难免的，不是吗？你有你的想法，我有我的想法，这很正常。

我们要有一种胸襟、气度，那就是可以接受不同的想法，甚至欣赏人与人之间的不同。

我以前是一个比较偏执的人，从来不喜欢接触那些穿着怪怪的人。我会觉得他们这些人怪怪的。后来我发现是我怪怪的，是我太偏执了。我只喜欢这个，不喜欢那个。不符合我那把尺的人，我就觉得对方是“怪咖”。活着活着才发现，多元才是正常的，不同才是正常的。

第五十一节

当你手里的那把尺变大的时候，你能接受的范围也会变大

我们都希望别人跟自己一样。

很多家长在陪伴孩子的时候，常常希望孩子能按照自己的要求做事，希望孩子能活出自己认为应该活出的人生。只要孩子做事符合家长的这把尺的度，家长就把财产留给他。反之，家长什么都不会留给孩子。当家长开始有自知之明的时候，就会发现自己这样其实是不正常的。有很大的可能是，我们每个人手里的尺太短了。

很多人小时候会在文具盒里放一把尺，一般有二十五厘米到三十厘米长。这把尺对于学生学习来说足够用了。如果这些人长大后，还拿这把尺用，比如量

一个房间的长宽，那么他们就会发现，这把尺是不够用的，需要换一个卷尺。因为手里的那把尺变大了，所以我们能够了解更广的世界。

第五十二节

自以为没有问题的人其实有很大问题，因为他没有自我觉察的能力

你可以想一想，有多久没有人讲你了？有多久没有人提点过你了？有多久没有人跟你讲真话了？你真的那么好吗？你真的那么完美吗？你真的都没有问题吗？

自以为没有问题的人其实问题很大，他无法听见不同的声音，处在很封闭的状态，无法接受、欣赏不同的人。社会是多元的，是丰富而精彩的。不会只有一种声音，不会只有一种观点，不会只有一种生活模式。重要的是，我们要具备自我觉察的能力，不要自以为是。

第五十三节

不想努力却想要变得更好

人们都想变得更好，却不愿为之努力。这一点很矛盾。有些人甚至希望通过找算命先生改命来使自己人生变得更好，而不是去改变自己的认知、想法、习性、毛病、个性、生活作息。

我们很多人都很懒，懒得改变，不愿意努力去做些什么，总是想要依赖外在的东西来让自己变得更好。很多去寺庙的人不会说“我想改毛病、去脾气，想懂得感恩、勇于认错，想更积极地面对人生”，都是求神仙保佑自己变得更好，就好像神仙欠你似的。自己都不愿意努力，凭什么别人要帮你？

第五十四节

把知识转化成心智

我们很多人的问题并不在于否认知识、道理，而在于没有把知识、道理转化成自己看世界的心智，没有让其成为自己的世界观的一部分。

如果在学了很多知识、道理后，你看世界的眼光仍然没变，那么你不过是充当了储存知识、道理的“硬盘”而已。你能讲得出知识、道理，但是无法把它们化为行动。

我们在反省自己的时候写下的文字一般都非常有道理，但是一把本子合上，我们就又回到了原来的样子。我们只会在事情发生后再次反省自己。很多时候，道理是道理，你还是你。

如何活出道理来，这是我们一生的修炼。

第五十五节

只有当下把道理活出来，道理才会成为有力量的东西

我们在听讲孝道的故事时都会很感动。可是，当妈妈想跟我们聊家常的时候，我们可能不会很客气。相反，我们很可能会吼道：“你又开始唠叨了，不要说啦！”

我们听了很多道理，却没有把道理活出来，这就是我们目前大多数人的问题。再好的道理都需要我们在行动中去体悟。只有这样，道理才会赋予我们力量。

从文字本身来看，“道”由“首”字和走之旁构成。在我看来，“首”代表自身，走之旁代表身体力行。道在自身，要身体力行。

第五十六节

如果再让我年轻一次，我将好好地活出生命的本质

我们可能花了很多时间、精力处理杂事，追逐那些带不走的东西，而没有去思考人生到底该怎么活。

现在请你静静地闭上眼睛，想象你已经八十多岁了，身体老化得非常严重，已经不像年轻时候那样精力充沛了，好像只能慢慢地走向生命的终点。你回顾自己的一生，发现能够回忆起来的，都是一些片段、花絮，都是和追逐名利相关的事情。你真正想要实现的理想，好像都在岁月流转中被忘记了。你曾经想要去做些什么，却为了生存而忙碌到老。如果能够再给你一次机会，让你再年轻一回，你是否会珍惜这次机会，活出生命的本质？

第五十七节

要乐于分享

有时我们可能会收到朋友寄的东西，比如说一箱水蜜桃。水蜜桃是不是很容易烂掉？如果你是乐于分享的人，那么想到一箱水蜜桃吃不完，应该会分享给别人。

别人是不是也有朋友，他的朋友是不是也会寄东西来？这次你送他水蜜桃，下次当他收到别人送的东西时，他可能也会乐于跟你分享。这不就是一种爱的循环吗？

如果你舍不得分享，那么这箱水蜜桃最后就可能烂掉一部分。为了防止浪费，你可能每天都要从箱子里挑两颗快烂掉的水蜜桃吃。吃到最后，你发现自己吃了一箱快烂掉的水蜜桃。

因此，人要乐于分享。分享是一种爱的循环。你分享出去的，最后总会以某种方式回来。

第五十八节

不断地打开心胸，用不同的眼光看待这个世界

夫妻双方来自不同的家庭，身上有在原来的家庭里养成的不同习惯。如果一方想当然地以为事情就应该是什么样子的，那么就很容易和另一方产生碰撞。

有一个年轻的少妇每次煮鱼的时候都会把鱼头、鱼尾去掉，只留中间的部分。她的丈夫吃了一两个月之后就问她：“为什么你每次煮鱼都只煮中间这一段？鱼头、鱼尾都去哪里了？”她说：“我妈妈每次煮鱼都会把鱼头、鱼尾剪掉，只留中间这一段。”她的丈夫说：“你回头问问你妈妈为什么这样做。”于是有一天，她问妈妈：“妈，为什么我们家煮鱼的时候要把鱼头、鱼尾去掉？”她的妈

妈告诉她："我们的锅子太小了。"

规矩不是不可改变的，其产生也是有原因的。人要学会变通。

第五十九节

走出冤冤相报的心智模式

你还会遇到的都是你没有解决的问题。比如说，我跟朋友吵完架之后决定老死不相往来，然后各奔东西。几年之后我俩又相遇了，结果又吵起来了。这说明什么？说明我俩都没有成长，都活在过去，过去的问题依然存在。

在一个故事中，有两个人都是乞丐，总是争地盘。有一天，一个人变富有了。他不再去跟另一个人争地盘了，因为他已经不再处于那个贫穷的状态了。如果他还想争，那么说明他还是一个乞丐，顶多是丐帮的帮主。

总之，你遇到的问题都是你还没有解决的问题。如果在新的情境中，你还受困于过去的问题，那么你就是在重复过去的悲剧。这时，你的“新瓶”里装的是“旧酒”，你的内在没有更新。我们常说，“苟日新，日日新，又日新”，对不对？然而你可能是“苟日旧，日日旧，又日旧”。

要想从过去走出来，活出全新的自己，你的心智模式就要改变，你的心胸格局也要改变。

第六十节

换一个角度看，有敌人的人是幸福的

一个人没有敌人是幸福的。换一个角度看，有敌人也是幸福的。

敌人会无时无刻地盯着你，研究你，他比你还清楚你自己。他随时都在研究你有哪些缺点，而且讲话绝对不会拐弯抹角，往往一针见血，让你恨得牙痒痒。你不用付他钱，就可以通过他知道自己哪里有问题，这不是很划得来吗?

如果有人把你当成敌人，天天研究你的问题，直言不讳地讲出你的问题，那么你要感谢他，赶快请他喝咖啡。

有时候好朋友反而不好意思跟你讲真话，怕跟你以后当不了朋友。所以，有敌人的确是一种幸福。

第六十一节

当你想要控制一个人的自由时，最不自由的其实是你自己

如果你想要控制一个人，比如说看着孩子不让他出去，那么他可以打瞌睡，你是不能打瞌睡的，因为你一打瞌睡他就跑了；他可以上洗手间，你自己是不能上洗手间的，只能憋着，等他出来。

因此，当我们想要控制一个人的时候，最不自由的是谁？是自己吧？如果你希望自己的人生可以有肆意挥洒的空间，那么就给别人肆意挥洒的空间。

第六十二节

我们会过度解读

很多时候，我们是因为过度解读了某件事才有了某种情绪。言者无意，听者有心。可能别人只是简单说了一句话，而你却一直在想："他那句话是什么意思？他是不是在讽刺我？他为什么讽刺我？看我不顺眼吗？"

不是说你不能解读，而是说你不能过度解读。

在我还没有退休之前，有一天，我公司的一个女员工从洗手间出来，我刚好进去，她没有跟我打招呼。我心里就想："看到老板不打招呼，是不想干了吗？是对我有意见吗？是对公司的制度有意见吗？"

我做了很多解读，然后一整天都没理她。到中午吃饭的时候，我听到那个女同事跟另一个女同事在聊天。她说：“哎呀，我今天早上匆匆忙忙出来，忘记戴隐形眼镜了。”我对她的看法一下就改变了。我心想：“哦，是我误会她了。”

第六十三节
深隐隐于家

有句话叫作“大隐隐于市”。我想说的是“深隐隐于家”，就是你的家人都不知道你在干什么。我的家人都不知道我在干什么。因为我跟他们在一起就是说笑话，讲故事，从来不跟他们讲道理。他们看我四十五岁就不工作了，以为我发生了什么事。

其实我胆子很小的，没有准备我是不敢这样的。他们想问我到底发生了什么事，又不好意思问我。几年下来，他们只觉得我过得比他们好，还会跟我借钱。

当别人不知道你在做什么的时候，你反而没有什么障碍，可以做自己想做的事。

第六十四节

你改了，他就变了

你会跳交谊舞吗？在跳舞的时候，只要一方往前迈一步，另一方就会往后退一步。你改，他就要变。对方为什么不变？因为你没怎么改。

如果你改变了自己的互动模式，别人会不会回应你的改变？会的。你改了，他就变了。如果我们每个人能够改变自己看世界的眼光、对待人的态度、表现出的行为，那么整个世界就会发生改变。

我只是想表达，人与人之间是有感应的。你改，对方才可能变。你不改，对方也不太可能变。

第三章

以最好的生命状态走完这一生

第六十五节
摆脱惯性思维

有时候，道理我们都懂，但行动起来时，我们还是老样子，因为有惯性在。

有一只毒蝎子要过河，就找了猴子商量：“猴子猴子，你背我过河好不好？”猴子说：“我傻啊？背你过河？万一你在河中间把我给刺了，我死了怎么办？”毒蝎子说：“你傻啊，我把你刺了，你死了我也活不了啊！”乍听之下，是不是很有道理？于是猴子说：“上来吧，背你过河。”猴子游到一半的时候，毒蝎子刺了猴子。猴子说：“怎么可能？”毒蝎子说：“没办法，这是我的惯性啊！”毒蝎子“啾”的一声就把尾巴插下去了，这是它的惯性。你有没有发现，自己平常可能还挺理性的，还会讲道理，但是在遇到某些事情的时候，惯性马上就出来了?遇到才知道自己活在惯性里。

我们听了很多道理，懂得很多道理，也能够讲得很清楚，但是遇到事情不一定能活出道理来。你如何把这个道理活出来？知行合一。只有不断地躬行，才能觉知此事。

第六十六节
随心所欲而从不逾矩的心智

世上大约有三种人：第一种人比较中规中矩，第二种人总喜欢做出格的事，第三种人则随心所欲，却从不逾矩。对于第三种人来说，在人生这条路上，一路都很好玩。可是这一路要怎样才会好玩?

大家有没有发现我们去某个地方时，和人一边聊天一边走，很快就到了？我上课就是这样子的，和学生开开玩笑、听听音乐，就把课上了。

有一家人准备去杭州玩。如果你问他们家里的大人怎样才会好玩，那么他们可能会说要规划好路线，提前安排好食宿才会好玩。可是如果我们问小朋友同样的问题，那么他们可能会说跟好朋友一起去才会好玩。他们觉得只要跟好朋友在一起，即使吃得再简单，也会觉得好吃，即使住得再简陋，也会觉得舒服。

这是不同的心智模式。同样，难道想要有所成就，就必须活得枯燥、无趣吗？

第六十七节
打破常规

我记得我在上大学的时候，有一次同学问我：“你会不会打麻将？”我说不会，然后他说“我教你”，结果我第一次打麻将就赢了。为什么？因为我不按套路出牌。是有这种现象吧？但是，在玩了几次之后，我就开始输，因为我理解了打麻将的逻辑，开始按套路出牌了。

我们都是按一定标准接受教育的。我们被教导在什么年纪就该接受什么样的教育。六年级结束要参加小升初考试，九年级结束要参加中考，高三结束要参加高考。一次考试就能决定我们的命运。成绩好就是好孩子，成绩差就是坏孩子。想想我就觉得可怕。在标准的教育体系之外，我们可不可以给孩子找到别的出路？

第六十八节

以最好的生命状态走完这一生

我们都希望以一种最好的生命状态走完这一生。可是，我们很容易状态不好。所以我们需要学习如何让自己有最好的状态。

你可以先学习如何以最好的状态过完这一天。你可以在每天睡觉前，净化自己的心灵，想想自己今天做了哪些事情，该反省的反省，该放下的放下，从而以一种非常好的状态开始明天。

我们不要等到快要死的时候才反观自身。因为我们已经习惯不自知的人生了，所以死之前很难做到放下一切。现在你必须慢慢养成一个习惯，那就是在每天结束的时候梳理自己，让自己可以放下当天发生的事情。习惯成自然，慢慢地你就能活出“可以放下”的人生状态。

第六十九节
发现别人的优点

我们换职业，不是为了换而换，可能是因为新工作能给我们更好的职业发展空间。

有时候，我们可能是因为老板不好才想换工作。可是换之前，我们能不能换一个角度想一想：老板之所以是老板，是因为他有我没有的优点，只是我看不到这一点而已。

当你从你讨厌的老板身上发现他拥有你没有的优点的时候，你就会开始成长。等你真的成长后，你就可能被赏识，获得更大的职业发展空间。

第七十节

修行在日常

你讲话要让别人听得懂。有的老板可能会要求员工在接待客户前，先把产品介绍给自己。如果老板自己能听得懂，客户自然能听得懂。老板不希望员工讲太多专业的内容，因为大多数客户不爱听。

在过去的乡下，如果家里能出一个大学生，那么家里人是要放鞭炮庆祝的，还要请客。有一位老爷爷的孙子即将大学毕业，他很高兴，心想“我们家终于出了一位大学生”。他打算买一辆车子送给孙子。他和销售员说起了孙子：“我孙子要毕业了，我们黄家三代以来，就只有这么一个大学生。”他讲完他的孙子之后，那个销售员就开始介绍车子的结构、性能、设计，以及如何操作、保养。后来这位老爷爷就走了，没买车。

过了两天，这个销售员就打电话给这位老爷爷，说：“老爷爷，你没有买车没关系，但是能不能给我一些建议？能不能告诉我你为什么不买？”老爷爷说：“我一直在讲我的孙子，你一直在讲你的车子。”

老爷爷想向人炫耀自己的孙子，而销售员却没有领悟这一点。如果他能依着老爷爷，夸赞老爷爷的孙子，把老爷爷哄开心了，那么老爷爷自然会买车。

通过这个故事，我想告诉你的是，我们有时候太不懂人性，只懂专业。专业顶多让你有一口饭吃，很难让你成为大老板。

第七十一节

珍惜你拥有的

我们常常讲要珍惜，但有时候我们跟人在一起，往往以为他会一直在，所以并没有珍惜对方的心情。

如果零食放久了，快过期了，那么我们一般会赶快把它吃掉。在有效期之内，我们会觉得还有时间，以至于把零食放太久，直到它快过期。我们本可以好好地、慢慢地品尝一口新鲜的零食。

从有效期这个主题来看，我们跟父母、子女在一起的"有效期"有多长？如果思考这个问题，那么我们很可能就会珍惜与父母、子女在一起的时间。我们会接受父母的唠叨，也不会在乎他们到底跟不跟得上时代、做的东西合不合我们的口味。

我记得我的一个学生曾经在微信群里发了一段文字：假设夫妻在一起的“有效期”是十年，并且不能续时间，你会不会珍惜与对方在一起的最后一年？应该会很珍惜吧？因为快到期了。

第七十二节

你可以有想法，但不要被它局限

有一种想法是做你不曾做过的事情，做困难的事情。因为我们习惯做自己做过的事情、容易的事情，所以我们很容易产生认知固化，我们的心智模式很容易受限。不是说你不可以做做过的事情、容易做的事情，而是说你可以有所突破，不被局限。

你可以有想法，但是不要被这个想法所局限。一旦你被某个想法局限了，你就无法活出这个想法以外的人生。不是这个想法不好，而是你对这个想法的执着不好。

东方文化讲“转念”，还讲“放下”。是时候换一种活法，换一种想法了！

第七十三节

世间法则随时空变化而变化

世间法则随时空变化而变化。以前合乎道德、风俗、法律的事情，到现在可能就不合乎道德、风俗、法律了。

我们会在古装连续剧里看到，一个美丽的女孩子跪在路边，在脖子上挂一个写着“卖身葬父”的牌子。那时候如果有富人把她买下来，就还算是合乎道德、法律的一件事。可是这件事放到现在，就是一件违反道德、法律的事。

唐朝女子以胖为美。如果有女子瘦成一根竹竿，那么她是要被笑话的。可是到了如今这个时代，主流审美标准变成了“白”“幼”“瘦”。以前，男主外，女主内，现在都不一样了，不是吗？像我们家就是我主内，我妻子主外。我妻子毕业后就在外贸公司上班。工作一年之后，她就开始带着工程师到欧美去考察了。她换过好几本护照，而我直到第一本护照过期都没有出去过一次。

我想说的是，世间法则一直在变。要用变化的眼光看事物。

第七十四节

拥有自由看世界的眼光

每个人都渴望自由。我们不只希望自己时间自由，还希望自己财富自由、精神自由。

二战结束之后，有人问一位幸存下来的犹太人："你是怎么度过那一段岁月的？"这位犹太人说："纳粹可以剥夺我的财产，剥夺我的生命，剥夺我外在的一切，但是他们无法剥夺我看世界的眼光。这是我唯一的自由！"

我们每个人都应该拥有自由看世界的眼光，而不是按别人的要求看世界。如果每个人看世界的眼光都一样，是不是会很无趣？世界因为不同而精彩。

第七十五节

把自己当成一个精品来打造

一个品牌的成功离不开口碑效应，不是靠做广告做出来的。那些百年老字号都是经过了数代人的用心经营，数代人的良心认证。店家在做产品的时候，对任何一个环节都非常上心。有瑕疵的产品不会卖给你，甚至不会打折卖给你。为什么？因为卖出去一件瑕疵品，虽然能保本，但是可能会失去几亿的市场。

做人也一样。我们要把自己当成一个精品来打造。“光说不做假把式”，我们必须让自己领悟很多道理，然后把道理活出来。在与人相处时，我们要时刻反省自己，以最好的生命状态面对他人，影响他人。

第七十六节

角度不同，认识不同

从同一个窗户看出去，未必会看到一样的事物。有人是往上看的，看到了满天星斗；有人是往下看的，看到的都是烂泥巴、垃圾。

有一个美国军官在回到家乡度假的时候，跟女朋友说："你选择现在跟我结婚，然后和我一起去非洲，还是选择等我三年后回来再结婚？"女朋友心想，两三年之后，说不定他就变心了，还是选择现在和他结婚吧。于是他们结婚后一起去了非洲。

他们在那边需要待三年。这个女孩子一开始常常跟远方的妈妈抱怨，说"这边都是草原，都是泥巴……"。有一次，妈妈告诉她："你在窗前的时候，试试抬头看出去，而不是一直往下看，可能会有一些新发现。”

后来有一天，她真的往上看，发现满天繁星！她觉得好神奇，因为以前在城市的时候她很少看到星星。她用了三年时间，在那个地方研究星象，并逐渐融入了当地部落，学会了很多东西。

第七十七节

相信自己会成长、改变，也应该相信孩子会成长、改变

我们都相信自己会成长、改变，但常常很难相信自己的孩子会成长、改变。你小时候有没有偷过父母的零用钱？父母煮菜的时候，你有没有偷拿菜吃？在学校考试时，你有没有偷偷瞄过前桌写的答案？这些事情可能你都做过。等你长大一点儿，你就不会再做了。你后来成长了，改变了。然而，当你的孩子偷零用钱、作弊的时候，你很可能会觉得事情很严重，觉得孩子这辈子完了。

我们常常严以待人，宽以律己。这是我们常有的心智模式。是时候改改了！

第七十八节

是什么让你不快乐？

一般来说，小孩子在没有萌发自我意识之前，玩游戏只图好玩。等到后来他有了自我意识，特别是长大后进入社会时，可能就会想要在游戏中争输赢。我们很多人做任何事情都要争输赢，想要成功、拥有，害怕失败、失去。

世俗意义上的成功并不必然带来幸福、快乐。有些人什么都有，却不幸福、不快乐。你有没有想过，是什么东西让你不幸福、不快乐？是一颗想要成功、拥有、赢的心。放下自己对成功、拥有、赢的执念，从向外追寻转为向内追寻，便是获得幸福的开始。

第七十九节

人生不是一场交易

很多人会被工作绑架，没有时间好好生活。可是事业、工作只不过是人生的一部分。同样，上学、读书、结婚、生子都只是人生的一部分。

那些人生被工作占满的人谈的话题永远是升职、加薪等。在他们看来，如果一件事不能换来升职、加薪等，那么他们可能就不会去做这件事。这是一种交易的心智模式。他们很少会思考，交易之外还有什么。

人生不是一场交易。可能那些被工作绑架的人通过努力工作，换来了想要的东西，但是他们对工作的执着让家人承受了太多，比如他们因为工作忙而很少陪伴家人，甚至在家人最需要他们的时候都不见踪影。自以为得到了，实际却失去了。

第八十节
格局很重要

假设人的心量是一个小水洼，人生的苦难是一勺盐，那么把这一勺盐丢到小水洼里，就有些太多了。这勺盐会很难溶解，小水洼里面的水会很苦涩，人的心里会是苦的。假设人生的苦难是恒定的，就一勺盐那么多，那么当我把心量变成一个水缸那么大时，水缸里面的水就不会太苦涩，人的心里就不会太苦。通过接受生命教育、滋养自己的心灵，我们的心量可以变成一个湖泊那么大。那时我们再把同样的苦难倒进去，湖泊里的水根本不会苦，不会咸，甚至会有点儿甘甜。通过进一步成长，有一天，我们甚至可以把心量变成海洋那么大，让苦难不再是苦难。

第八十一节
花开蝴蝶来，蝴蝶不来，花依然开

我拿儿女十岁时的生命状态和自己十岁时的生命状态比，发现他们的生命状态比我小时候的生命状态好。我都可以活成现在这个样子，自然不用担心他们会活得不如我好。

当我有这种觉悟的时候，我决定把我孩子的人生主导权还给他们自己。自己的人生自己决定。我把人生的主导权还给他们，只给予爸爸应该给予的爱、关心、支持就好了。

做老师也是一样，老师就像一个导游，引导大家观光旅游，最后让大家自由行。每个人都应该有百分之百的心灵自由。在人生的路上，一开始会有人带着你探索人生的点点滴滴，接下来就需要自己活出属于自己的人生，活出属于自己的最恢宏的生命版本，让自己的生命之花绽放。

这样的生命旅程就像我们跟蝴蝶之间的关系。一开始你想要去抓蝴蝶，还要买鞋子、买箱子、买网，捕捉过程中还死了好几只，受伤了好几只，你累，蝴蝶也不自在。那不如让我们去买一盆花，泡个茶，看看书，静待花开，蝴蝶自来，你自在，它也自由。千里之外的一朵花，并不会因为人们不知道它而不开花。你若盛开，蝴蝶自来，蝴蝶不来，你依然花开。

第八十二节

聪明人难修行

一群退休的老人去社区活动中心上游泳课。他们换好了衣服，到游泳池边，开始聊天，忘了自己是来上课的。年轻的教练三请四请，老人就是不下水。他心生一计，于是就有了下面的对话。

他说："各位爷爷奶奶，如果你的孙子落到水里面去了，该怎么办？"

老人齐回："救啊！能怎么办？"

他问："那你们会游泳吗？"

老人齐回："不会！"

他又问："那不会怎么办？"

老人齐回："学啊！"

于是，教练教了这群老人一两个小时，大多数老人学会了基本的游泳技巧和知识。等大家都准备好要回去时，有一个老人跳出来说：“我一眼就看穿了你的诡计，没有上当。”教练说：“对啊，所以只有你不会游泳。”

第八十三节

离境的智慧

有一个老人想买三个西红柿，老板称了一下说共一斤三两，六十七块新台币，老先生说："我吃不了那么多，我就要这两个较小的西红柿就好了。"老板说刚好一斤要五十块。如果你是那位老先生，看到老板把那个大的拿掉才少三两，会不会感到生气？一般人都会。可是那个老先生却直接把那个大的拿走，给了老板十七块。

我们有情绪的时候，智商就会降低，智慧就不见了，所以处理事情之前要先处理好自己的情绪。大企业家做重大决策的时候，通常都会先"离境"，一个人到一个清静之地住个几天。离开自我看自我，离开境看境，离开庐山看庐山。与此类似，我们是不是该学习离开我们的家，回看我们的家？离开我们的婚姻，回看我们的婚姻？离开我们的文化，回看我们的文化？

第八十四节

不要执着于别人的事情

一个小孩子在吃巧克力。一位叔叔对他说：“吃那么多巧克力不好，不要吃那么多巧克力！”这个小孩子回他：“我奶奶一百零三岁。”叔叔问：“你奶奶吃巧克力活到一百零三岁吗？”小孩子回：“不是，我奶奶活到一百零三岁，从来不管别人的闲事。”

有时候我们的本意是好的，但我们毕竟不是当事者。当事情的发展不符合我们的期待时，先晾一晾、放一放，不要执着于别人的事情。

第八十五节

区别于“冤冤相报”的反应方式

有一位作家叫李敖，特别会批判人。有一次李敖骂余光中，就是语文课本中《乡愁》一诗的作者。余光中一直没有回应他。后来，有人采访余光中，问他为什么不骂回去。余光中说：“李敖的生命中不能没有我，可是我的生命中可以没有他。”

有时候，我们不应该别人给什么刺激，就做什么反应。以被负心人抛弃这件事为例，对负心人最大的惩罚就是活得比他好。是不是这样啊？我不想直接报复你，我只想活得很好，让你后悔。这是一种区别于“冤冤相报”的反应方式。

第八十六节

内心富足跟学历、金钱无关

我爷爷小时候因为家里穷且孩子多，所以没上过几年学，不认识什么字，长大后只能靠拉三轮车谋生。可是只要村里有人过世、孩子没办法养的，他一定会带着孩子，拿着包包，一户一户帮孩子募款。这些事我爸爸都看在眼里。

我爸爸小学一二年级早上很早就去卖早餐，上课时间到了再去上学。到了三四年级，因为战争原因，我爸爸只能放弃读书，开始工作。大概到了三十岁的时候，他有了一些经济能力，每年一定要行一次救济。等到五十岁更富有一点儿时，他一年行两次救济。等他退休之后，他一年行三次救济。快八十岁时，我爸爸脑部长了恶性肿瘤，开刀手术伤到了脑子，什么都忘了，但是唯独没有忘记行救济。那时候他已经无法自由行动了。我们按照他的意愿办了救济活动，并推着他去了办救济的现场。

我爷爷和我爸爸让我知道，一个人穷到什么都没有的时候，依然可以帮助人。这是一种人性的境界，是内心富足的表现。

第八十七节

内外一致是一个人最坦然的状态

我们都应该追求内外一致。不要内里是一副样子，外在表现出来的又是另一副样子。

内外一致的人通常活得比较真实。如果有人问你问题，而你并不知道答案，那么请真实地回答“我不知道”。这就是孔子所说的“知之为知之，不知为不知”。不知道本身并不丢脸，丢脸的是你不知道，却假装知道。你怎么可能什么都知道，是不是？有时候，知道得多并不是一件好事，可能会带给你无尽的烦恼。

第八十八节

自然不等于原始

人要活得自然一点儿。不是说离开城市、躲到深山里、过原始人的生活才叫作自然。那可能只能称得上是原始。

原始不等于自然，野蛮不等于自然。自然还是不自然，重要的是你的那颗心。难道我用手机播放音乐就不自然，非得自己哼唱才自然吗？难道我用望远镜看星星就不自然，非得用肉眼看星星才自然吗？

如果你心向自然，那么你做任何事情都不会太刻意，会随性而为之。请跟我一起活出自然的样子。

第八十九节

有钱不等于幸福

有个人买了三栋别墅。一开始，他每个星期都会轮着去这三栋别墅住两天。后来等他的新鲜感过去后，他大概几个月才去住一次。平时这几栋别墅都是保姆在住。只有他过去的时候，保姆才需要给他做做饭、洗洗衣服。

有一天他突然意识到，自己在外面辛苦工作，赚了钱，买了房，最后住房子的却是别人，自己还得付给对方钱，何苦呢？

第九十节

拿掉一技之长，你还剩下什么？

现在很多人工作主要靠一技之长。你是否想过，拿掉自己的专长，你还剩下什么能够支撑你走完这条人生道路的东西？

在拿掉你的一技之长后，可能你会失去工作、地位。这时，你的同事、你的朋友、你的家人是否还会尊敬你？如果答案是肯定的，那么说明你在为人处事方面是成功的，说明除了一技之长之外，你还有别的能支撑你走下去的东西。这可能是你乐观、积极的品质，也可能是你专注、认真的品质，还可能是你乐善好施、广结善缘的品质。如果答案是否定的，那么请从现在开始，思考如何成为一个除了一技之长，内在另有精彩的人。

第九十一节

言语道断

别人对我们的一切描述不等于我们本身。有时候，我们会和别人开玩笑说“你说的那个人不是我”，因为事实确实如此。我们无法把一个人是什么样的描述出来。你看，连一个人是什么样的，我们都不能够确切地讲出来，更不要说宇宙天地的大道了。

我们说“言语道断”，凡是我们能说出来的就不是道了，而是一种认知。我们可以描述一朵花是红色的，有五片心形的花瓣，闻起来是香的，可以食用，但是这一切关于它的描述，不等于它本身。

第九十二节
尽信书不如无书

春秋时期，齐桓公门下有一位很会做车轮的工匠。他能把马车的轮子做到最圆。有一天，齐桓公在看书，那个工匠问齐桓公：“你在看什么书啊？”齐桓公回答了他。工匠说：“那不是古人的糟粕嘛！”齐桓公很生气，对他说：“你为什么这么说？我明明看的是圣贤的书。你给我讲清楚，否则我处罚你。”工匠说：“我是全国最会做车轮的人。如果你让我形容个中原理，我只能够讲八九成。即使是传授技艺给我的儿子，情况也一样。关键的那一两成，必须他自己去体悟。你看的书也一样。书上写的内容再好，如果你没有自己的体悟，那么对你来说，也只是糟粕。”

所谓尽信书不如无书。我这样讲你不要误会，认为“那就不要看书了”。我只是想说，你要学会看书，学会体悟，不让书变成糟粕。

第九十三节
用智慧去面对未知

你所学的知识和技能可能过一段时间就没用了。很多以前存在的职业，现在已经不见了。比如，现在你是不是看不到挑着扁担卖胭脂的人了？未来是人工智能大发展的世界，很多行业都会消失不见。知识、技能不能跟你一辈子，但是智慧可以。你无法用知识和技能去面对未知，但是可以用智慧去面对。

很多大学生会说，以后进入社会要从事什么什么行业。但是等他们毕业后会发现，自己面对的是很多新兴的行业，以前在学校的时候可能根本没有听说过。你可以回想一下，以前没有外卖行业吧？也没有在线购物行业吧？

现在你到餐厅点菜，服务员会让你扫码点单，结账的时候同样是扫码结账。就连路边的乞丐都会放两个二维码出来，因为他们意识到，现在人们出门几乎不带现金了。

未来很多东西都是我们现在没有的，你准备好去适应未来了吗？你有面对未来的智慧吗？

第九十四节

我们常常很努力地维持人生的泡沫

我最近看到一篇新闻报道，说的是一个人努力了一辈子，拥有千亿家产，然后老了，并且失智了。我在想，在他失智之后，他过去曾拥有的世界是不是也离他而去了呢？他所创造的王国，对他来说是否变成梦幻泡影了呢？

当我们还小的时候，爸爸妈妈就是我们的天，事情是他们说了算。他们曾经在我们的世界里是伟人般的存在。我们慢慢长大，成为人父或人母，而他们像泡沫一样，慢慢地消失了。等我们的孩子长大、结婚、生子，我们也会像泡沫一样，慢慢地消失。在此之前，我们常常很努力地维持人生的泡沫。在这个过程中，我们到底该如何思考？在此我只是抛出一个问题，请各位自行思考。

第九十五节
你是否打开心门了？

我们用收音机收听广播节目的时候，是不是要调频道？频道对了，声音才会出来，才会清楚。如果频道不对，那么我们就只能听到噪音，或者听到其他广播节目。

你的心智模式就是你接收外界信息的频道。如果没有某种心智模式，那么你就会视而不见，听而不闻，食而不知其味。因为你的频道不对，所以接收不到某种信息。

心智模式也是一道门。比如说我现在跟你分享一些看法，因为你没有某种心智模式，你的心门是关上的，所以你就听不到我要跟你分享的东西。这就是想要成长，“门”都没有。

第九十六节

关于感同身受的学问

你有没有腰酸背痛过？有没有受过外伤？是不是身体失去了自由？是不是换个鞋子都是一件有难度的事情？如果你有“五十肩”，那么洗澡对你来说都很困难。想想看，你的爸爸妈妈、爷爷奶奶病了、痛了，大概也是这样子吧？那你能不能和他们感同身受呢？有没有为他们设想过？他们的身体已经不再是年轻的状态了。

透过你自己在某些情况下的处境，去思考他们可能面临的问题，这是一门关于感同身受的学问。这门关于感同身受的学问是很实用的，而且会变成一种智慧，伴随你一生。

结语

读完这本书，我希望你们能送我四份礼物。

第一份礼物：让自己的生命状态变得更好。如果你做到的话，这就是送我的第一份礼物。

第二份礼物：当你的生命状态变得更好的时候，你要成为家人、朋友、社会、国家的好环境。只要有你在的地方，你就是别人的好环境。因为你这个好环境，人们也会感觉自己的生命状态变得更好。如果你能做到的话，这就是送我的第二份礼物。

第三份礼物：当你有一天有了愿景、使命，找到了自己活着的意义时，要去帮助所有跟你有缘的朋友。如果你做到了这一点，这就是送我的第三份礼物。

第四份礼物就是：让我们在终点相遇！

人間百日醒猶睡
老子山中睡却醒